L'AMI DE MA FEMME

COMÉDIE-VAUDEVILLE

EN UN ACTE

PAR

PAUL CLÈVES

PARIS
E. LACHAUD ET Cie, ÉDITEURS
4, PLACE DU THÉATRE-FRANÇAIS, 4

L'AMI DE MA FEMME

COMÉDIE-VAUDEVILLE

EN UN ACTE

Représenté pour la première fois, à Paris, sur le THÉATRE DES ARTS,
le 25 octobre 1874.

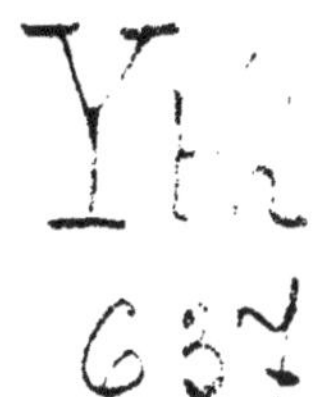

1361-75. — Boulogne (Seine). Imprimerie JULES BOYER.
Administration, rue Neuve-Saint-Augustin, 11, à Paris.

L'AMI

DE

MA FEMME

COMÉDIE-VAUDEVILLE

EN UN ACTE

PAR

PAUL CLÈVES

PARIS
E. LACHAUD ET Cie, ÉDITEURS
4, PLACE DU THÉATRE-FRANÇAIS, 4

PERSONNAGES

BAPTISTIN VERDELLET, rentier. . .	M. VICTOR GAY.
CHARLOTTE, sa femme.	Mlle OPPENHEIM. A. VIÉ.
ALBERT DUROCHER	M. BERTHET.
ROSALIE, bonne de M. Verdellet. .	Mlle FLEURINE. NELLY.

La scène à Paris, de nos jours.

L'AMI DE MA FEMME

Un salon, portes au fond — portes latérales à droites, cheminée avec feu, une sonnette — près de la cheminée une table garnie de divers objets : livres — encrier — papier — plumes — presse-papier, etc. : à gauche un canapé — un fauteuil de chaque côté de la cheminée — de chaque côté de la table une chaise.

SCÈNE PREMIÈRE

ROSALIE, puis VERDELLET

ROSALIE. (*Elle entre du fond et apporte une lampe allumée.*)

Ah ! que d'ouvrage dans cette maison !.. C'est assomant les gens mariés !. toujours du monde à la maison... Au moins, ceux-là n'ont pas d'enfants ! Ils font bien Je les ai en horreur ! Mais ne faut-il pas qu'ils les remplacent par des étrangers ?.. Ce M. Albert, qui vient toute la journée, qui dîne tous les soirs !.. Il commence à m'ennuyer avec sa raie dans le dos, et ses romances de mirliton... En voilà un faux gandin... Si encore il était aimable !.. Ah ! que je suis donc fatiguée... (*Elle se laisse tomber sur le canapé.*)

VERDELLET *dans la coulisse.*

Rosalie !

ROSALIE.

Tiens ! Monsieur m'appelle, il n'est donc pas encore sorti ?.. Voilà, Monsieur.

VERDELLET *dans la coulisse.*

Rosalie !

ROSALIE *se levant.*

Voilà, Monsieur.

VERDELLET *paraissant à droite.*

Que faites-vous donc. Rosalie ? voilà un quart d'heure que j'attends mes gants.

ROSALIE.

J'étais chez Madame.

VERDELLET.

Est-elle seule ?

ROSALIE.

Oui, Monsieur.

VERDELLET.

Bien !.. Mes gants ?

ROSALIE.

Je les ai laissés chez madame.

VERDELLET.

Va les chercher.

ROSALIE.

A l'instant, Monsieur...

VERDELLET

Un moment !

ROSALIE.

Monsieur m'appelle ?

VERDELLET.

Monsieur Durocher n'est pas encore venu ?

ROSALIE.

Monsieur Albert ?.. Non, Monsieur, il est à la chasse.

VERDELLET.

Oui, mais il devait revenir aujourd'hui.

ROSALIE.

Ah ! alors il faudra encore trois couverts ?

VERDELLET.

Non, deux seulement.

ROSALIE.

Monsieur Albert ne dînera pas?

VERDELLET.

Si, mais moi, je dîne en ville.

ROSALIE.

Ah !.. Je vais chercher les gants. (*Elle sort à gauche.*)

SCÈNE DEUXIÈME

VERDELLET *seul.*

Diable d'Albert !.. il m'avait pourtant promis de hâter son retour... Comme c'est agréable !.. une partie superbe au moulin rouge !.. Si ma femme est seule, je suis pincé, pas moyen de sortir... comptez donc sur les amis !.. (*Il tire sa montre.*) Bientôt cinq heures !.. Ah ! il ne reviendra pas aujourd'hui.. allons, c'est fini, me voilà de planton pour la soirée !... (*Il tire sa montre.*) Cinq heures moins un quart... s'il arrivait, j'aurais encore le temps... avec une voiture !.. Hum ! ma femme !...

SCÈNE TROISIÈME

VERDELLET, CHARLOTTE

CHARLOTTE *à gauche.*

Voici vos gants, mon ami.

VERDELLET.

Merci, Charlotte.

CHARLOTTE, *sèchement.*

Vous sortez ?

VERDELLET.

Mais...

CHARLOTTE.

Je ne vous retiens pas.

VERDELLET.

Lolotte !...

CHARLOTTE, *s'asseyant dans un fauteuil.*

C'est égal! c'est bien amusant de passer ses soirées toute seule.

VERDELLET.

Mais, chère amie...

CHARLOTTE.

Soyez donc mariée, comme c'est gai!... Monsieur sort c'est fini!

VERDELLET.

Mais, chère amie, que veux-tu faire à la maison... un homme!...

CHARLOTTE.

Un homme!... eh bien! et moi? est-ce que je ne respire pas comme vous?... Vous ne pouvez donc pas rester un soir dans ce fauteuil, auprès du feu?

VERDELLET.

Ah!

CHARLOTTE.

J'y reste bien, moi!... Mais, sortez, vous êtes libre, allez!

VERDELLET, *s'asseyant dans l'autre fauteuil.*

Es-tu contente? me voilà assis... nous ferons les deux pendants... la garniture...

CHARLOTTE.

Vous restez à contre-cœur.

VERDELLET.

Mais non.

CHARLOTTE.

Mais si!

VERDELLET.

Mais non !

CHARLOTTE.

Votre ami Albert n'est pas comme vous, voilà un garçon rangé !

VERDELLET.

Un garçon rangé ! un garçon rangé !... la belle malice ! Il est rentier.

CHARLOTTE.

Eh bien ! vous aussi.

VERDELLET.

Oui, mais... j'ai été dans les affaires, moi... et... j'ai gardé des relations.

CHARLOTTE.

A quoi cela vous sert-il ?

VERDELLET.

Tu sais bien que je veux me faire nommer maire d'Arainville.

CHARLOTTE.

Pour moi, je n'y tiens pas du tout !... A quoi cela vous mènera-t-il ?

VERDELLET.

Mais, chère amie, cela mène à la décoration. J'aimerais à voir fleurir ma boutonnière.

CHARLOTTE.

Eh bien ! mettez-y un œillet.

VERDELLET.

Charlotte !

CHARLOTTE.

Tenez ! vous m'exaspérez avec votre sotte ambition... Vous ne savez ce que vous dites.

VERDELLET.

Alors, je ne dis plus rien. (*Silence. Il bâille.*)

CHARLOTTE.

Comme c'est amusant ! (*On sonne.*)

VERDELLET.

On sonne!

CHARLOTTE.

Ah! si c'était M. Albert! En voilà un garçon charmant!

VERDELLET.

Le fait est qu'il est très-aimable (*A part.*) Pourvu que ce soit bien lui! (*Il tire sa montre.*) Cinq heures un quart! Bah! en donnant dix sous pour boire?... (*On sonne.*)

CHARLOTTE.

On n'ouvre donc pas?

VERDELLET.

Où est donc Rosalie?

CHARLOTTE, *appelant.*

Rosalie!...

VERDELLET, *appelant.*

Rosalie! Elle n'est jamais là quand on a besoin d'elle!... Rosalie ! !! (*On sonne.*) Je vais ouvrir moi-même! (*Il sort par le fond.*)

SCÈNE QUATRIÈME

LES MÊMES, ALBERT.

CHARLOTTE.

Comme c'est amusant ! !

VERDELLET, *reparaissant avec Albert.*

Ce cher Albert!... Ce bon, cet excellent Albert !

ALBERT, *saluant.*

Madame Verdellet.

CHARLOTTE.

Bonsoir, monsieur Durocher...

VERDELLET.

Brave ami!

CHARLOTTE.

Vous avez fait une bien longue absence.

VERDELLET.

Trop longue absence.

ALBERT.

Deux jours à peine.

VERDELLET.

C'est trop, beaucoup trop.

CHARLOTTE.

Sans doute.

VERDELLET, *à Albert.*

Ma femme vous boude, mon cher, je vous en préviens.

ALBERT.

En vérité?

VERDELLET.

Faites votre paix, je vous laisse ensemble.. (*Appelant.*) Rosalie!

CHARLOTTE, *appelant.*

Rosalie!

VERDELLET.

Elle n'est jamais là quand on a besoin d'elle!

CHARLOTTE.

Que cherchez-vous?

VERDELLET.

Mon chapeau.

CHARLOTTE.

Je vais vous le donner, il est chez moi. (*Elle sort à gauche.*)

VERDELLET.

Elle ne me retient pas. Quelle veine! (*A Albert.*) Mon cher ami, vous restez avec ma femme, n'est-ce pas ?

ALBERT.

Volontiers, mais je la quitterai à huit heures.

VERDELLET.

Diable !

ALBERT.

Mais je reviendrai à huit heures et demie, si vous voulez ?

VERDELLET.

Bon ! je reviendrai vous relayer pendant ce temps-là.

ALBERT.

C'est convenu : ne manquez pas.

VERDELLET, *à Charlotte qui rentre avec le chapeau.*

Merci, mon amie.

CHARLOTTE.

Ainsi vous allez?

VERDELLET.

Chez un conseiller général.

CHARLOTTE.

Bonne chance !

VERDELLET, *à part.*

Quelle veine ! (*Il tire sa montre.*) Cinq heures et demie ! Bah ! avec vingt sous de pourboire. (*A Albert.*) Bonjour. (*Il sort.*)

ALBERT.

Bonjour.

SCÈNE CINQUIÈME

CHARLOTTE, ALBERT, ROSALIE.

CHARLOTTE.

Vous vous êtes fait désirer, monsieur Albert.

ALBERT, *hypocritement.*

Ah! Madame, pensez-vous bien ce que vous dites?

CHARLOTTE.

Pourquoi?

ALBERT, *même jeu.*

C'est que je serais bien heureux!

CHARLOTTE.

Vous êtes un impertinent.

ALBERT, *même jeu.*

Non, Madame, un amoureux.

CHARLOTTE.

Vous outragez mon mari.

ALBERT, *même jeu.*

Puisqu'il n'est pas là, madame.

CHARLOTTE.

Monsieur, brisons là, je vous prie,

ALBERT.

Fort bien, madame, je me tais. (*Silence.*)

CHARLOTTE.

Comme c'est amusant l'existence!

ALBERT.

Le fait est que ça n'est pas gai.

CHARLOTTE.

Je ne veux pas qu'on me plaigne.

ALBERT.

C'est votre mari que je plains.

CHARLOTTE.

Assez! parlez-moi d'autre chose.

ALBERT.

Voulez-vous causer politique?

CHARLOTTE.

Non... racontez-moi votre chasse.

ALBERT.

A vos ordres... Parti de Paris lundi matin, par l'express de 7 heures 32, je suis arrivé à 9 heures 21 à Rambouillet, et, comme il pleuvait à torrents, je n'ai pas pu rejoindre le rendez-vous. J'ai déjeuné à *l'Aigle d'or*... J'ai commandé une omelette au lard, six côtelettes, du bon vin... du blanc...

CHARLOTTE.

Cela n'est pas intéressant.

ALBERT.

Comment, ça ne vous amuse pas?

CHARLOTTE.

Non.

ALBERT.

Passons à la seconde journée... Placé à l'affût derrière un massif, j'attendais la bête le fusil à l'épaule. Je songeais... je rêvais!.. tout à coup, la fanfare annonce l'animal, un cerf admirable, un dix-cors superbe!... Je pensais à votre mari!..

CHARLOTTE.

Hein?

ALBERT.

Qui m'avait témoigné le désir d'avoir un porte-fusil d'une tête de ce quadrupède...

CHARLOTTE.

Ah!

ALBERT.

Je vise, paf! touché... je bondis... j'enfonce mon coutelas dans les flancs de l'animal, les chasseurs me rejoignent et m'entourent au son victorieux du cor, on donne la curée et j'emporte mon trophée.

CHARLOTTE.

Bravo!.. c'est d'une adresse et d'une délicatesse exquises.

ALBERT.

N'est-ce pas, madame?

CHARLOTTE.

Votre histoire est déjà finie ?.. Elle est bien courte.

ALBERT.

C'est son plus grand mérite. (*Silence.*)

CHARLOTTE.

Eh bien ! vous ne parlez plus ?

ALBERT.

Je pensais...

CHARLOTTE.

A quoi ?

ALBERT, *soupirant.*

Vous m'avez défendu de vous le dire.

CHARLOTTE.

Vous êtes insupportable ; ouvrez ce livre et lisez. (*Albert obéit et lit des yeux.*) Lisez haut !

ALBERT, *assis à gauche de la table.*

Volontiers. Il y avait une fois à Paris un brave rentier qui vivait dans une modeste obscurité... Ce rentier possédait un trésor et n'avait pas conscience de sa fortune. Il dédaignait ce trésor et le laissait à l'abandon exposé aux regards de tous... (*Il s'arrête et regarde Charlotte.*)

CHARLOTTE (*assise sur le canapé*).

Continuez donc...

ALBERT.

Un jeune et brillant cavalier...

CHARLOTTE.

Oh ! oh !

ALBERT.

Un jeune et brillant cavalier remarqua le trésor du rentier dédaigneux, et résolut de se l'approprier... mais ce trésor se défendait tout seul, et chaque fois qu'un profane essayait d'y porter la main, il recevait au cœur une blessure mortelle...

CHARLOTTE.

C'est très-joli !

ALBERT.

Le brillant cavalier... Il s'appelait Albert.

CHARLOTTE.

Tiens, comme vous!

ALBERT.

Il s'appelait Albert... s'introduisit dans la maison du rentier, auquel il sut se rendre indispensable, et s'approcha bien du trésor mais ne put se l'approprier.

CHARLOTTE.

Mais c'est un conte que vous inventez.

ALBERT, *jetant son livre et se levant.*

Non, madame, ce n'est pas un conte, c'est mon histoire, le roman de ma vie que je viens d'exprimer devant vous, Charlotte. Vous, si charmante, si faite pour être aimée, entourée, choyée, on vous laisse à l'abandon, vous trésor incompris; mais, je suis là et je vous sauverai de l'ennui, car je vous aime et vous m'aimerez.

CHARLOTTE *debout, puis passant à la table.*

Albert!... monsieur Albert.

ALBERT.

Oui. vous m'aimerez, vous ne pouvez pas supporter plus longtemps l'oubli dans lequel vous laisse ce mari imbécile, et c'est Dieu qui m'a envoyé vers vous pour entretenir la flamme de l'amant sur l'autel de votre cœur! (*Aux premiers mots Charlotte a sonné, Rosalie paraît, Albert s'arrête en la voyant entrer.*) Hum!...

CHARLOTTE *à Rosalie.*

Mettez du bois dans la cheminée.

ROSALIE *obéit.*

Oui, madame! (*A part.*) Ah! qu'il me déplait, cet être-là. (*Elle sort.*)

CHARLOTTE, *à la cheminée.*

Approchez-vous du feu.

ALBERT.

Du feu!.. Mais mon cœur brûle et l'amour me dévore. Charlotte, je vous aime, je vous adore!

CHARLOTTE.

Mais, mon cher Albert, vous êtes fou!... Si mon mari vous entendait?

ALBERT.

Verdellet!.. il ne rentrera qu'à huit heures. J'ai encore une demi-heure à vous regarder, à vous parler d'amour, Charlotte, serez-vous toujours cruelle?

CHARLOTTE, *à part.*

Ah! Verdellet, si j'étais coquette. (*Haut.*) Albert, relevez-vous.

ALBERT.

Pas avant que vous m'ayez dit que vous m'aimez et que vous haïssez cet être stupide qui vous délaisse pour courir au Moulin-Rouge avec des danseuses et autres femmes légères!..

CHARLOTTE.

Qu'entends-je?

ALBERT.

Oui, au Moulin-Rouge avec des danseuses... des cocottes....

CHARLOTTE.

Taisez-vous, vous mentez!

ALBERT.

Ah! je mens, venez avec moi, vous verrez...

CHARLOTTE.

Quoi! vous, son ami!

ALBERT.

Je ne suis pas son ami.

CHARLOTTE.

Vous, qui avez toute sa confiance!

ALBERT.

Je me moque pas mal de sa confiance.

CHARLOTTE.

Vous...

ALBERT, *à genoux avec passion.*

Je vous aime!

CHARLOTTE.

Monsieur!

ALBERT, *à genoux.*

Charlotte!.. (*On sonne.*) Huit heures, c'est Verdellet. — (*A part, se levant.*) Mes affaires vont assez bien.— (*On sonne.*)

CHARLOTTE, *appelant.*

Rosalie!

ALBERT, *appelant.*

Rosalie!

CHARLOTTE.

Cette Rosalie n'est jamais là.

ALBERT.

Je vais ouvrir. (*Il disparaît puis rentre aussitôt avec Verdellet.*) Ce cher Verdellet, ce bon, cet excellent Verdellet!

SCÈNE SIXIÈME

LES MÊMES, VERDELLET.

VERDELLET.

Bon Albert!

ALBERT

Ce cher ami!.. charmant Verdellet... bonsoir!

CHARLOTTE, *à la cheminée.*

Touchante expansion!!

ALBERT, *saluant.*

Madame...

VERDELLET, *bas à Albert.*

Dans une demi-heure, hein?

ALBERT, *bas.*

Comptez sur moi! (*Il sort.*)

SCÈNE SEPTIÈME.

CHARLOTTE, VERDELLET, ROSALIE.

VERDELLET, *se faisant très-aimable.*

Bonsoir, Lolotte !

CHARLOTTE

Il n'y a pas de Lolotte !

VERDELLET.

Mais, ma petite caille chérie !

CHARLOTTE.

Je ne suis plus votre caille chérie !

VERDELLET.

Chère amie !

CHARLOTTE, *éclatant*

Misérable !

VERDELLET.

Hein !

CHARLOTTE.

Infâme ! lâche ! perfide !

VERDELLET.

Qu'as-tu donc ?

CHARLOTTE.

D'où venez-vous ?

VERDELLET.

Ah ! je vais te dire...

CHARLOTTE.

Taisez-vous !

VERDELLET.

Alors, je ne peux pas t'expliquer...

CHARLOTTE.

Expliquer quoi ?.. Je me soucie peu de vos explications.

VERDELLET.

Charlotte!

CHARLOTTE.

Vous me faites pitié?

VERDELLET, *à part.*

Je suis bien fâché d'être revenu.

CHARLOTTE, *avec force.*

D'où venez-vous?

VERDELLET.

De chez...

CHARLOTTE.

Un conseiller général, n'est-ce pas? quelle plaisanterie!

VERDELLET.

Eh bien! non, je ne viens pas de chez...

CHARLOTTE.

Hein?

VERDELLET.

Non, non, le ne le dis plus...

CHARLOTTE, *impérieuse.*

D'où venez-vous?

VERDELLET, *très-doux.*

Ecoute-moi, Charlotte. Je viens de chez un peintre. Oui, c'est bientôt le jour de l'an, je voulais te faire une surprise, j'ai eu l'idée de t'offrir mon portrait à l'huile...

CHARLOTTE.

Et vous posez le soir pour votre portrait!...

VERDELLET, *essayant de rire.*

A l'huile!! dis donc, ça ne manque pas... de couleur.

CHARLOTTE, *indignée.*

Verdellet!.. à l'huile!!!

VERDELLET.

C'est-à-dire, non, c'est comme une espèce de deux

crayons, tu sais.., avec des blancs... Oh! ce sera joli, va! tu verras... As-tu dîné, chère amie?

CHARLOTTE, *l'imitant.*

As-tu déjeuné, Jacquot? (*Changeant de ton.*) Ah bien oui!.. j'ai le cœur à manger.

VERDELLET.

Sapristi, que je suis donc contrarié d'avoir promis une seconde séance ce soir.

CHARLOTTE.

Encore!

VERDELLET.

Le peintre dit que c'est indispensable!

CHARLOTTE.

Vous n'irez pas.

VERDELLET, *à part.*

Que je suis donc fâché d'être revenu.

CHARLOTTE.

Vous pouvez dîner seul, je ne mangerai pas.

VERDELLET.

Je ne veux pas dîner sans toi.

CHARLOTTE.

Alors, vous vous brosserez le ventre.

VERDELLET, *à part, très-gai.*

Fichtre!.. je l'échappe belle... un peu plus j'allai dîner deux fois... Ouf! (*Il déboucle son gilet.*)

CHARLOTTE.

Que faites-vous?

VERDELLET, *piteux.*

Tu vois, je serre la boucle comme M. d'Artagnan dans les mousquetaires.

CHARLOTTE.

Vous avez vu les mousquetaires!.. Vous êtes bien heureux!.. je ne les ai pas vus... je ne vois rien moi!..

VERDELLET.

Veux-tu y aller ce soir?

CHARLOTTE.

Seule, merci bien.

VERDELLET.

Albert t'accompagnera.

CHARLOTTE.

Oui, il est joli, votre Albert, vous savez qu'il me fait la cour?

VERDELLET, *gaiement.*

Mais oui!..

CHARLOTTE.

Et ça ne vous fait pas bondir?

VERDELLET.

Si fait, je bondis...de joie... Tiens, regarde, comme je bondis. (*Il saute.*)

CHARLOTTE.

Et vous le recevrez encore?

VERDELLET, *très-jovial.*

Certainement.

CHARLOTTE.

Et vous voulez toujours qu'il m'accompagne?

VERDELLET, *même jeu.*

Toujours.

CHARLOTTE.

Tenez, vous êtes un sycophante!

VERDELLET.

Comment, cela ne t'amuse pas?

CHARLOTTE.

Ah! ça vous amuse donc, vous, qu'on fasse la cour à votre femme? Ça vous fait bondir de joie qu'on lui récite des déclarations échevelées... Eh bien! prenez garde, Verdellet, je ne vous ai jamais trompé, mais il y a commencement à tout.

VERDELLET, *riant.*

Tatout! tatout!

CHARLOTTE.

Tatout?.. Vlan! (*Un soufflet.*)

VERDELLET.

Oh!

CHARLOTTE.

Vlan!.. (*Un autre.*)

VERDELLET.

Ah!...

ROSALIE, *paraissant au fond.*

Madame a sonné?

CHARLOTTE.

Non!

VERDELLET.

Elle ne vient jamais quand on a besoin d'elle.

ROSALIE.

Pardon, Monsieur.

CHARLOTTE.

Sortez!.. Mais sortez donc!

ROSALIE.

Ah bien! quand vous vous disputerez, — faut prévenir.

VERDELLET.

Sortirez-vous?

ROSALIE.

C'est égal, Madame a de la poigne, je les ai entendues de la cuisine.

CHARLOTTE.

Insolente!

ROSALIE.

Je m'en vais... (*Elle rit et sort.*)

VERDELLET.

Nous faisons rire la domestique à présent, comme c'est drôle!..

CHARLOTTE, *sanglotant assise sur le canapé.*

Ah! que je suis malheureuse!

VERDELLET.

Charlotte!

CHARLOTTE, *en larmes.*

Après cinq ans de fidélité!

VERDELLET.

Lolotte!!

CHARLOTTE.

Si c'était à recommencer!...

VERDELET.

Lolotte!!! Vois un peu dans quel état tu te mets... Tu sais bien que je t'aime, ma chérie...

CHARLOTTE.

Ah! ah! ah! ah! (*Elle pleure.*)

VERDELET.

L'averse!... C'est bon signe, je pourrai sortir à l'arc-en-ciel.

CHARLOTTE.

Si j'avais des enfants, tout cela n'arriverait pas!

VERDELLET, *à genoux.*

Voyons, ma petite chatte, je te jure que je suis innocent.

CHARLOTTE.

Si c'était vrai!

VERDELLET.

Puisque je te dis que t'aime!

CHARLOTTE.

Baptistin!

VERDELLET.

Charlotte.

CHARLOTTE.

Je suis bête, n'est-ce pas?

VERDELLET.

Mais oui!.. non, non, non.

CHARLOTTE.

Tu vas bien chez le peintre?

VERDELLET.

Oui!

CHARLOTTE.

Bien vrai

VERDELLET.

Je n'irai pas ce soir...

CHARLOTTE.

Si.

VERDELLET.

Non.

CHARLOTTE.

Tu m'en veux donc?..

VERDELLET.

Mais non.

CHARLOTTE.

Embrasse-moi...

VERDELLET, *l'embrassant.*

Là! (*A part, se levant.*) Bon! L'arc-en-ciel paraît.

CHARLOTTE.

Encore...

VERDELLET, *l'embrassant.*

Là, essuyons ces petits yeux... c'est fini.

CHARLOTTE.

Va, ne manque pas l'heure de la séance.

VERDELLET.

Tu vas t'ennuyer.

CHARLOTTE.

Non.

VERDELLET.

Iras-tu au théâtre?

CHARLOTTE.

Oui, avec Albert; tu viendras me chercher.

VERDELLET.

Oui... c'est-à-dire, non, je rentrerai me coucher après la séance.

CHARLOTTE.

A ce soir.

VERDELLET.

A ce soir. (*Il va pour sortir.*)

CHARLOTTE.

Baptistin!

VERDELLET, *se retournant.*

Charlotte!

CHARLOTTE.

Embrasse-moi encore...

VERDELLET, *l'embrassant.*

Là!... (*A part, en s'en allant.*) Sapristi!... Quel crampon!... (*En sortant, il se jette contre Albert qui entre.*) Animal!

SCÈNE SIXIÈME

CHARLOTTE, VERDELLET, ALBERT.

ALBERT.

Sacrebleu!

VERDELLET, *lui prenant les mains.*

Ce cher Durocher!

ALBERT.

Excellent Verdellet.

VERDELLET.

Je vous ai fait mal?

ALBERT.

Au contraire... Aïe!

VERDELLET.

Je vous laisse avec ma femme.

ALBERT, *à demi-voix.*

Pour retourner au Moulin-Rouge ?

CHARLOTTE, *à part.*

Hein ?

VERDELLET, *à demi-voix à Albert.*

Non, mon cher, au café Anglais... Nous avons le grand 16.

CHARLOTTE, *à part.*

Je n'entends pas.

ALBERT, *à Verdellet.*

Au revoir...

VERDELLET.

Adieu.

ALBERT.

Je ne vous reconduis pas.

VERDELLET

Faites donc comme chez vous.

ALBERT.

Merci !

VERDELLET.

Au revoir, Charlotte.

CHARLOTTE.

A ce soir, mon ami...

VERDELLET, *serrant énergiquement la main d'Albert.*

Brave ami. (*Il sort.*)

SCÈNE SEPTIÈME

CHARLOTTE, ALBERT, ROSALIE.

CHARLOTTE, *après un silence.*

Mon mari vous aime beaucoup, monsieur Albert.

ALBERT.

Ah! Madame, je vous le rends bien!

CHARLOTTE.

Vous savez que je vais au théâtre, j'ai compté sur votre bras.

ALBERT.

Tout mon être est à vos ordres.

CHARLOTTE.

Pourquoi donc êtes-vous sorti?

ALBERT.

Pour faire une surprise à Verdellet.

CHARLOTTE.

Contez-moi cela...

ALBERT.

Je lui ai promis une tête de cerf; je veux qu'il la trouve en rentrant.

CHARLOTTE.

Savez-vous que vous êtes fort aimable!

ALBERT.

J'aime à l'entendre de votre bouche.

CHARLOTTE.

Etes-vous prêt à m'accompagner?

ALBERT.

Oui, Madame, mais vous?

CHARLOTTE.

Le temps de mettre mon chapeau. (*Appelant.*) Rosalie!

ALBERT.

Puis-je vous servir?

CHARLOTTE.

Merci bien.

ROSALIE *entrant, du fond.*

Madame désire?

CHARLOTTE.

Mon châle... mon chapeau.

ROSALIE. (*Elle disparaît à gauche et rentre avec les deux objets.*)

Voici...

ALBERT.

Permettez... (*Il prend le chapeau, qu'il offre à Charlotte, puis le châle... À Rosalie* :) Tu peux t'en aller.

ROSALIE, *à part.*

Ce n'est pas madame qu'il voudrait coiffer...

CHARLOTTE.

Mon châle?

ALBERT.

Laissez-moi le poser sur ces jolies épaules.

ROSALIE, *à part.*

Fadasse va! (*Elle sort au fond.*)

CHARLOTTE.

Merci... A propos... que vous disait donc mon mari, en sortant?

ALBERT.

Votre mari! ah! ah!.. il m'a dit qu'il allait au café Anglais... au grand 16.

CHARLOTTE.

Qu'appelez-vous le grand 16?

ALBERT.

C'est le cabinet particulier par excellence... le temple où se consacrent les réputations de Mabille et de l'Opéra. La grotte de Cythère et de la gentry française.

CHARLOTTE.

Et c'est là qu'est allé Baptistin?

ALBERT.

C'est là même.

CHARLOTTE.

C'est bien, je me vengerai.

ALBERT, *tragiquement.*

Prenez mon bras, Charlotte; il vous apporte la vengeance.

CHARLOTTE.

Que dites-vous?

ALBERT, *avec une chaleur outrée.*

Je dis que le monstre qui répond au nom de Baptistin Verdellet a, par le seul fait de sa notoire inconduite, perdu ses droits d'époux, et qu'il tient à l'honneur de sa femme d'obtenir une revanche éclatante!.. Je dis qu'avec ce bras, je vous offre un cœur de vingt-cinq ans, et puisque Verdellet a ridé, par sa faute, la surface tranquille du lac matrimonial, vous devez, vous Charlotte, déchaîner les vagues de la tempête pour que leur écumant tourbillon rejaillisse jusque sur la face du perfide!...

CHARLOTTE (*riant*).

Et même un peu plus haut, n'est-ce pas?

ALBERT.

Vous riez, Charlotte, vous m'avez compris... Partons...

CHARLOTTE, *jouant l'embarras.*

Non, pas encore!

ALBERT.

Comment?

CHARLOTTE, *jouant l'émotion.*

Albert, m'aimez-vous?

ALBERT.

Si je vous aime!

CHARLOTTE.

M'aimez-vous au point de m'obéir aveuglément?

ALBERT.

Pour vous prouver ma flamme, que n'ai-je le casque de Bélisaire!

CHARLOTTE.

M'aimez-vous au point d'oublier tout pour moi, d'abandonner famille, patrie?

ALBERT.

Famille, patrie, drapeau, honneur! parlez, Charlotte, je suis prêt à tout.

CHARLOTTE. *feignant de prendre une grande diction.*

C'est bien!.. allez m'attendre au pont des Arts.

ALBERT, *fou de joie.*

Comment! vous consentez?

CHARLOTTE.

A vous suivre partout, loin du monde... loin, bien loin de ce monstre de Baptistin.

ALBERT, *refroidi.*

Diable! mais c'est un enlèvement!

CHARLOTTE, *jouant la passion.*

Oui, enlevez-moi, Albert, enlevez-moi, je vous aime!

ALBERT, *avec transport.*

Elle m'aime! ô ivresse! (*Refroidi.*) Et vous allez venir...

CHARLOTTE.

A l'instant..

ALBERT.

Au pont des Arts?

CHARLOTTE.

Oui.

ALBERT, *vers la porte.*

(*Avec transport.*) O amour! (*Revenant refroidi.*) Mais ne me faites pas trop attendre... si Verdellet...

CHARLOTTE.

Il recule!..

ALBERT.

Non!.. mais nous sommes au mois de décembre... et...

CHARLOTTE.

Votre amour ne suffit-il plus à réchauffer votre cœur?

ALBERT.

Ah! Charlotte, à toi, à toi pour la vie.

CHARLOTTE.

Partez, partez, vite.

ALBERT, *revenant.*

Pourquoi ne venez-vous pas de suite?

CHARLOTTE.

Il ne comprend pas!

ALBERT.

Ah! si, un dernier adieu!... Ange! je respecte ta pudeur... (*Il remonte.*)

CHARLOTTE, *à part.*

Enfin!

ALBERT, *revenant.*

Mais ne me faites pas poser!.. (*A part.*) Au pont des Arts... singulière idée... il fait un froid!!! (*Il relève le collet de son paletot.*) O amour!... (*Il sort.*)

SCÈNE DIXIÈME

CHARLOTTE, ROSALIE.

CHARLOTTE. (*Après un silence elle rit aux éclats. Appelant.*)

Ah! ah! Rosalie... (*Elle sonne.*) Ah! Albert!... Ah! Baptistin! vous me devez une revanche... (*Elle sonne.*) Rosalie!.. Je tiens une vengeance! Rosalie!.... (*Elle sonne, puis s'assoit à droite de la table.*)

ROSALIE *entrant.*

Madame a sonné?

CHARLOTTE.

Oui, trois fois.

ROSALIE.

Madame me pardonnera.

CHARLOTTE.

Il ne s'agit pas de ça, asseyez-vous là.

ROSALIE, *s'asseyant à gauche de la table.*

Oui, madame.

CHARLOTTE.

Vous savez écrire?

ROSALIE.

Et compter!..

CHARLOTTE.

Écrire suffit... Prenez cette feuille de papier.

ROSALIE, *se disposant pour écrire.*

Madame va dicter?

CHARLOTTE.

Oui....

ROSALIE.

Je suis prête....

CHARLOTTE, *dictant.*

« Monsieur, on vous trompe! madame Verdellet est en ce moment chez elle avec un ténor de l'Eldorado... »

ROSALIE, *répétant.*

Dorado.

CHARLOTTE.

« Il est donc inutile de vous geler plus longtemps sur le pont des Arts.... »

ROSALIE, *répétant.*

Pont des Arts....

CHARLOTTE.

Est-ce fait?

ROSALIE, *tendant la lettre.*

Oui... mais je ne comprends pas...

CHARLOTTE.

C'est inutile... (*Elle plie la lettre et met l'adresse.*)

ROSALIE.

Cependant.....

CHARLOTTE.

A une autre.

ROSALIE.

Encore?

CHARLOTTE.

Oui !

ROSALIE, *se disposant à écrire.*

C'est amusant, mais je ne comprends pas.

CHARLOTTE, *dictant.*

« Monsieur, pendant que vous trompez votre femme au café Anglais elle vous trompe chez vous... »

ROSALIE *répétant.*

Trompe chez vous.

CHARLOTTE.

« Je sais que cela vous est bien égal... mais je vous préviens par charité... »

ROSALIE, *tendant la lettre.*

C'est fait.

CHARLOTTE.

Bien ! (*Elle lui donne la lettre prête et met l'adresse sur la seconde.*) Ces deux lettres au concierge et qu'il les porte de suite à leurs adresses. (*Elle se lève.*)

ROSALIE, *prenant les lettres.*

Bien, Madame ! (*Lisant les adresses.*)
« A monsieur Albert, qui attend sur le pont des arts, « côté de l'Institut... » « Monsieur Verdellet, au café Anglais, n° 16. » Je ne comprends pas du tout. (*Elle sort.*)

SCÈNE ONZIÈME

CHARLOTTE *seule.*

Ah ! monsieur Verdellet, vous allez courir la pretantaine pendant que votre femme bâille au coin du feu, et pour qu'elle vous laisse tranquillement aller à vos petits rendez-vous, vous lui offrez le doux tête-à-tête d'un damoiseau... mais il vous en cuira, morbleu !... Je ne suis pas une petite fille, un pot-au-feu !... Vous tromper ! Allons donc, c'est, au plus, bon pour une niaise... Non... Vous aurez mieux que cela... Je vous en offrirai toute la peur, sans vous en laisser l'avantage. (*A Rosalie qui entre.*) Eh bien !

SCÈNE DOUZIÈME

CHARLOTTE, ROSALIE

ROSALIE, *apportant une boîte dans laquelle il y a une tête de daim.*

Monsieur Ducordon est parti.

CHARLOTTE.

Bon !... (*Voyant la boîte.*) Qu'est-ce que cela ?

ROSALIE.

Ça ? Je ne sais pas, c'était chez le concierge, c'est pour madame Verdellet.

CHARLOTTE.

Qu'y a-t-il dans cette boîte ?...

ROSALIE.

Faut-il ouvrir ?

CHARLOTTE.

Sans doute.

ROSALIE, *qui a ouvert.*

Oh ! que c'est beau !!

CHARLOTTE.

Quoi ?

ROSALIE.

Oh ! les belles cornes !

CHARLOTTE.

Que dites-vous ?...

ROSALIE, *sortant de la boîte une tête de daim montée sur un socle et ayant une carte de visite piquée à une corne.*

C'est pour Monsieur.

CHARLOTTE.

Oui, je sais ce que c'est.

ROSALIE, *lisant la carte.*

C'est monsieur Albert qui lui offre cela... Voilà sa carte.

CHARLOTTE.

C'est bon, posez tout sur la table... (*Elle prend son chapeau.*

ROSALIE *pose la boite sous la table et place la tête sur la table face au public.*

Madame sort ?

CHARLOTTE.

Oui... Quand on sonnera, ne vous pressez pas d'ouvrir et tâchez d'avoir l'air embarrassée.

ROSALIE.

Je ne comprends pas.

CHARLOTTE.

C'est bon, n'oubliez pas ma recommandation. (*Elle sort.*)

SCÈNE TREIZIÈME

ROSALIE, *seule.*

Ah bien! voilà qui est du comique!... Monsieur Albert sur le pont des Arts... Monsieur au café Anglais! Madame qui sort... seule!... Je savais bien que cet être-là finirait par déranger toute la maison... (*On sonne.*) Ah ! oui, tu peux sonner, va ! (*On sonne.*) Sonne !.. sonne!... Ce monsieur Albert !... Si j'étais à la place de monsieur Verdellet... je lui en donnerais du parfait amour... à coups de trique. (*On sonne sans désemparer.*) Ah ! mais on va casser la sonnette... (*Elle disparaît pour ouvrir, au même instant Verdellet se précipite en scène une lettre à la main.*)

SCÈNE QUATORZIÈME

ROSALIE, VERDELLET.

VERDELLET, *à Rosalie qui le suit en courant.*

Où est ma femme ?

ROSALIE.

Madame ?

VERDELLET.

Oui, ma femme, madame Verdellet.

ROSALIE.

Elle vient de sortir.

VERDELLET.

Tu mens !

ROSALIE.

Je vous jure...

VERDELLET.

Ne jure pas, on a soudoyé ta conscience.

ROSALIE.

Mais, monsieur...

VERDELLET.

Où est-elle ? (*Il s'approche de la lampe et lit sa lettre.*)

« Monsieur, pendant que vous trompez votre femme au café Anglais, elle vous trompe chez vous... Je sais que cela vous est bien égal!... »

Infâme !... Elle est ici !... (*Appelant.*) Charlotte !... sous mon toit!... (*A Rosalie.*) Où est-elle ?

ROSALIE.

Je vous ai dit que madame est sortie.

VERDELLET.

Ah ! je la trouverai bien. Tremble, malheureuse !... Tu seras cause d'un malheur... (*Il s'élance par la porte de droite. A peine a-t-il disparu, que l'on sonne violemment.*)

SCÈNE QUINZIÈME

ROSALIE, ALBERT.

ROSALIE.

Encore ! C'est la soirée aux carillons.

(*Elle disparaît. Albert se précipite en scène, une lettre à la main. Il a le nez rouge et grelotte.*)

ALBERT, *à Rosalie qui le suit en courant.*

Où est Charlotte ?

ROSALIE.

Ah ! mon Dieu !

ALBERT.

Où est Charlotte ?

ROSALIE.

Madame Verdellet ?

ALBERT.

Oui !

ROSALIE.

Elle est sortie.

ALBERT.

Tu mens.

ROSALIE.

Je vous jure.

ALBERT.

Ne jure pas, on a acheté ton silence.

ROSALIE, *à part.*

Comme l'autre... il est fou !

ALBERT. *(Il s'approche de la lampe et lit sa lettre.)*

« On vous trompe. Madame Verdellet est en ce moment chez elle avec un ténor de l'Eldorado. Il est donc inutile de vous geler plus longtemps sur le pont des Arts !... »

Horreur !... Elle me trompe sous le toit conjugal ! Où est-elle ?

ROSALIE.

Sortie, je vous le répète...

ALBERT.

C'est bon ! je la trouverai bien, et tu auras causé sa perte... *(Il disparaît à gauche.)*

ROSALIE, *seule.*

Ma foi ! qu'ils s'arrangent... On se croirait dans une maison de fous... *(Elle sort par le fond et emporte la lampe. La scène est vide un instant. Il fait nuit. On entend un grand bruit à gauche.)*

SCÈNE SEIZIÈME

VERDELLET, *entrant vivement de droite.*

Ils sont là.

ALBERT, *sortant de gauche.*

J'ai dû casser quelque chose.

VERDELLET, *bas.*

On a marché!

ALBERT, *derrière le canapé.*

Qui va là?

VERDELLET.

C'est moi!

ALBERT.

Qui vous?

VERDELLET, *à part.*

Dissimulons... (*Haut et changeant sa voix*). Moi, Albert Durocher.

ALBERT, *à part.*

L'intrigant!

VERDELLET.

Et vous?

ALBERT, *à part.*

Éblouissons-le!... (*Haut et changeant sa voix.*) Je suis Baptistin Verdellet.

VERDELLET.

Vous mentez!

ALBERT.

Et vous donc?

VERDELLET.

Misérable!

ALBERT.

Si je t'attrape, je te prouverai que tu n'es pas Durocher.

VERDELLET, *à part.*

Cet homme peut être dangereux... Gagnons la porte! (*Il marche à tâtons.*)

ALBERT, *à part.*

Ce gaillard-là m'a l'air bien déterminé... tâchons de filer sans bruit.. (*Ils marchent tous deux à tâtons, se heurtent, et se séparent en poussant un cri et redescendent chacun d'un côté de la table : Albert à droite, Verdellet à gauche.*)

ALBERT, *il éternue.*

Atchi!

VERDELLET, *bas.*

Il est là!

ALBERT, *bas.*

Je le crois près de moi!

VERDELLET, *bas.*

En marchant à quatre pattes je le dérouterai (*Il rampe sur le tapis.*)

ALBERT, *bas.*

Une chaise! si je parviens à monter dessus, je suis sauvé! (*Il monte sans bruit sur la chaise.*)

VERDELLET, *à quatre pattes.*

Je n'entends plus rien!

ALBERT, *sur la chaise.*

Il ne bouge plus.

VERDELLET, *tâtonnant.*

Si j'avais une arme! (*Il heurte la table.*)

ALBERT, *même jeu.*

Que n'ai-je un bâton!

VERDELLET.

Si je pouvais mettre la main sur l'encrier. (*Il cherche en levant le bras.*)

ALBERT.

Je me souviens d'un petit presse-papier en bronze... (*Tous deux cherchant sur la table en la tâtant de la main. Verdellet saisit une des cornes de la tête du cerf.*)

VERDELLET.

Ah!

ALBERT, *même jeu, il prend l'autre corne en se baissant.*

Oh!

VERDELLET, *effrayé, toujours à terre.*

Ne bougez pas! ou je vous brûle la cervelle!

ALBERT, *idem.*

Pas un geste, où je fais feu!

VERDELLET, *criant.*

Rosalie!

ALBERT.

Cette voix?

SCÈNE DIX-SEPTIÈME

LES MÊMES, ROSALIE.

ROSALIE. (*Elle entre du fond avec la lampe. Jour. Albert sur la chaise. Verdellet à terre. Ils tiennent toujours chacun une canne.*

Oh! mon Dieu! (*Elle pose la lampe sur la table.*)

VERDELLET, *à terre.*

Albert!

ALBERT, *sur la chaise.*

Verdellet!

VERDELLET.

Que faites-vous donc sur cette chaise?

ALBERT.

Que faites-vous donc sur ce tapis?

VERDELLET, *se levant.*

Il me faut une explication.

ALBERT, *descendant.*

J'allais vous en demander une.

VERDELLET, *à Albert.*

Où est ma femme?

ALBERT, *à Verdellet.*

Où est Charlotte?

VERDELLET, *lui mettant la lettre sous le nez.*

Connaissez-vous ceci?

ALBERT, *même jeu.*

Connaissez-vous cela?

VERDELLET.

Que vois-je?

ROSALIE, *s'avançant entre les deux.*

Tiens! mes lettres!!

VERDELLET.

Comment?

ROSALIE.

Je comprends maintenant pourquoi madame n'écrivait pas elle-même.

ALBERT.

Qu'est-ce que tu chantes?

ROSALIE, *riant aux éclats.*

Ah! que c'est amusant! (*Elle remonte.*)

VERDELLET.

Ah çà! qu'est-ce que tout cela signifie? de qui se moque-t-on ici?

SCÈNE DIX-HUITIÈME

LES MÊMES, CHARLOTTE.

CHARLOTTE, *riant au fond.*

D'un système!

ALBERT.

Charlotte!

VERDELLET.

Quel système?

CHARLOTTE.

De ce système commun à beaucoup de maris, qui consiste à fournir à leur femme un ami toujours jeune, toujours galant, et qui ne manque jamais de se livrer à cette sorte d'abus de confiance qui n'a pas été prévu par le code.

VERDELLET, *à ses pieds.*

Charlotte!! Charlotte! j'étais fou, je te comprends, je t'admire!.. pardonne.

CHARLOTTE.

Et vous n'irez plus au Moulin-Rouge?

VERDELLET, *regardant Albert.*

Ah! traître!... (*A sa femme.*) Jamais!

CHARLOTTE.

Ni au café Anglais!

VERDELLET, *se relevant.*

Jamais, je te le jure.

ALBERT.

Eh bien! je ne pardonne pas, moi! J'irai au Moulin-Rouge, moi!! J'irai au café Anglais, moi!!... Et avant huit jours, vous me rappellerez, moi!!!

VERDELLET.

Je ne crois pas!

ALBERT.

Et moi j'en suis sûr! (*Il éternue.*) Atchi!

CHARLOTTE.

Vous partez?

ALBERT.

Oui... je... Atchi!! (*Il éternue.*)

VERDELLET.

Ce cher Albert!... Il s'enrhume! (*Il lui donne la tête de daim.*) Votre coiffure que vous oubliez... (*Bas.*) Mon bon, ce n'est pas une tête de cerf, cela, c'est une tête de daim!

ALBERT.

C'est bien! je me vengerai!... Adieu... (*Il remet la tête sous son bras.*) Je remporte ma tête.

ROSALIE, *familièrement à Verdellet.*

Monsieur est bien heureux d'avoir gardé la sienne.

VERDELLET.

Toi... fais ton paquet, je te donne tes huit jours.

ROSALIE.

On me flanque à la porte! Protégez donc les maris!!

CHARLOTTE, *saluant ironiquement Albert.*

Adieu, monsieur Durocher.

VERDELLET.

Permettez! (*Il prend Albert par la main, l'amène à l'avant-scène et chante le couplet suivant.*)

AIR :

A ma femme voulant donner
Un ami qui veille sur elle,
En ma maison j'ai fait entrer
Ce traître, perfide, infidèle!
Loin de moi, je veux le chasser,
Mais grande est ici ma contrainte...
(*Au public.*)
Si vous voulez le remplacer,
Vos bravos calmeront ma crainte.

ENSEMBLE.

Ami public, applaudissez,
Par vos bravos calmez sa crainte.

FIN.

1361,75. — Boulogne-sur-Seine. — Imprimerie JULES BOYER

A LA MÊME LIBRAIRIE

Maurice de Saxe, drame en cinq actes, en vers, représenté pour la première fois sur la scène du Théâtre-Français, le 2 juin 1870; par Jules Amigues et Marcellin Desboutins. — Grand in-8° . . . . 4 »

L'Ombre, opéra-comique en trois actes, par M. de Saint-Georges, musique de M. de Flotow, représenté pour la première fois sur le théâtre de l'Opéra-Comique, le 7 juillet 1870. — In-18. . . . . 1 »

Les Bêtises du Cœur, comédie en trois actes, par Théodore Barrière, représentée pour la première fois, à Paris, sur le théâtre du Palais-Royal, le 9 septembre 1871 —In-18. 1 »

Le Testament de Monsieur de Crac, opéra-bouffe en un acte, par M. Jules Moineaux, musique de Charles Lecocq, représenté pour la première fois, à Paris, sur le théâtre des Bouffes-Parisiens, le 23 Novembre 1871. — In-18 . . 1 »

Comédies de Salon, par Mme de Gévrie. — In-12 . 2 »

Le Barbier de Trouville, opéra-bouffe en un acte, par A. Jaime, musique de Charles Lecocq, représenté pour la première fois, à Paris, sur le théâtre des Bouffes-Parisiens, le 19 novembre 1871. — In-18 . . . . 1 »

Nabucho, opéra-bouffe en trois actes et quatre tableaux, par Albert Vanloo et Eugène Leterrier, musique de M. de Villebichot, représenté pour la première fois, à Paris, sur le théâtre des Folies-Nouvelles, le 13 septembre 1871. . 1 »

Tarquin le Superbe, par Reignier . . . . 1 »

Néron, tragédie en quatre actes, en vers, par J.-B. Constantin. — 1 vol. in-8°. . . . . 2 »

Suzanne au bain, opérette en un acte, paroles et musique de G. Lafargue, représentée pour la première fois, à Paris, sur le théâtre des Folies-Nouvelles, le 10 décembre 1871. — In-18 . . . . 1 »

N'éveillez pas ma Fille, comédie en un acte, en vers, représentée pour la première fois au théâtre Déjazet, à Paris, le 5 octobre 1872, par A. Chirac. — Broch. in-12 . . . 1 »

Les Cent Vierges, opéra-bouffe en trois actes, paroles de Clairville, Chivot et Duru, musique de Ch. Lecocq, représenté la première fois, à Paris, sur le théâtre des Variétés, le 17 mai 1872. — In-12. . . . . 2 »

1362-75. — Boulogne (Seine). Imprimerie Jules Boyer.

www.ingramcontent.com/pod-product-compliance
Lightning Source LLC
LaVergne TN
LVHW012012160826
845678LV00002B/798

* 9 7 8 2 3 2 9 6 6 6 0 3 7 *